목욕탕의 탕자들

이든기획詩選 021

목욕탕의 탕자들

박주용 시집

아든북

시인의 말

갓 깨어난 나의 시여!

아직은 숨 가쁜 아가미
노래가 되지 않은 코맹맹이라 답답해 말게나

아직은 미미한 지느러미
그림이 되지 않은 붓놀림이라 자책 말게나

아직은 미완의 부레
의미가 되지 않은 뜬구름이라 의기소침 말게나

오늘은 비록 울컥 일지라도 상심 말게나

나의 아프락사스여!

2025년 늦봄 박주용

차례

시인의 말　　　　　　　　　　5

1부

시인의 방　　　　　　　　　　13
파랑 나비　　　　　　　　　　14
목욕탕의 탕자들　　　　　　　16
자식 농사　　　　　　　　　　18
경칩 무렵　　　　　　　　　　19
새조개　　　　　　　　　　　20
깔끄미 세탁소　　　　　　　　22
투명한 잠　　　　　　　　　　24
나무의 사랑법　　　　　　　　26
재봉사 인순씨　　　　　　　　28
울콩, 서울로 향하다　　　　　30
시골 버스　　　　　　　　　　32
담배꽃　　　　　　　　　　　34
초록은 동색이다　　　　　　　36
수수　　　　　　　　　　　　37

2부

동지 무렵	41
달무리	42
인물 공감	44
꽃	46
별을 낚다	47
나비매듭 상자	48
물고기자리	50
아버지라는 이름	52
어머니라는 이름	53
부부	54
사랑, 참 고놈	55
배달의 후손	56
워킹맘	58
시국	59
카카오톡	60

차례

3부

사월, 제주 동백꽃	63
윗세오름 겨울 등정기	64
제주 북촌리	66
동백꽃	67
서귀포에서	68
카페, day & Day	70
팽목항에서	72
바람개비 마을	73
신성리 갈대밭에서	74
채석강	76
향적산 등정기	78
도로 아미타불	80
수수꽃다리	81
유성 오일장	82
산책	84

4부

빈집	87
시집 읽기	88
온난화	90
독거노인	91
거대한 이불	92
소금 사내	94
호박 단상	95
꽃동네	96
커피를 마시며	97
나의 한울님은	98
굴참나무의 하루	99
그릇	100
나이 들어 지켜야 할 것은	101
공간 탐구	102
치어	104

작품해설 | 송기섭 충남대 교수
시적인 것들을 산출하는 세상　　　　107

봐요, 누가 뭐라 해도
　　우리별은 푸른색이어야 해요 ─────────

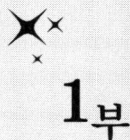

1부

시인의 방

이름 석 자 달아 놓은 달구 집에서는
수탉도 암탉이어야 하네

아직 제 눈 뜨지 못한 나무와 풀과 꽃과
귓가에 닿지 못한 세상의 말들 데리고
일정한 음보로 새벽 향해 가야 하네

산기 동하면
우주의 부름에 화답하듯
반복되는 산통 온몸으로 감내해야 하네

빅뱅에도 아직,
눈, 코, 잎, 귀, 완성되지 않아
삼칠일 정도는
더 둥글게 품고 또 품어야 하네

줄탁동시

겨우 어미가 되었네, 나는
털 빠진 시인

파랑 나비

오랫동안 관찰하고
오랫동안 분석하고
오랫동안 가슴에 안고 살아야
비로소 심해의 저층 읽어낼 수 있다

내 안에서 나를 품고 산다는 것은
또 다른 별에서 너로 사는 일이기도 하여
이렇게 슬프고, 이렇게 굳세고
이렇게 경이로운 세상은 단 한 번 뿐이리

바람과 구름과 비를 견디어낸
알몸의 고요
어둡게 팔랑이는 저 고치를 키워온
울창한 숲은 독보다 푸르다

신의 모습이 파란 것은
세상을 구원하기 위해 독을 삼켰기 때문이라는
청동거울의 증언이 아니더라도
파란 하늘과 파란 바다 사이에서
우리는 살고 있다

〉
꽃이 피고 지는 시기는 꽃이 정해야 하는 법
생의 절반을 기다린 파랑이 깨어나
닭의장풀에 내려앉고 있다

지구가 파랗게 날갯짓하고 있다

목욕탕의 탕자들

나뭇잎 없어도 부끄럼 없는 나목들
영락없는 묵은 악기다
허리 뭉툭해진 바이올린, 비올라, 첼로
현악 3중주 연주하려는지
나란히 자리 잡는다

곧거나 굽거나, 야위거나 불뚝하거나
나이테 아랑곳하지 않고
감정선 조율하려는지
머리에 수건 질끈 동여매고는
건식과 습식, 냉탕과 열탕 오가며
조이고 풀고 있다

미끄럽고 습한 세상
활대 들어 지나온 내력 쓱쓱 켜보면
한때는, 등에서 말 울음소리 천 리를 달리고
사타구니에서는 오동 열매 실하게
잘그랑거렸을 게다

〉
삼매경에 빠져 있는 악기들
계곡 따라 도도하게 흐르는 땟국물에 맞춰
이래도 한세상, 저래도 한평생
뿌옇게 변한 다뉴브강의 잔물결 연주하는데
창밖에는 어느새 싸락눈이
왔던 길 재촉하고 있다

돈도 명예도 사랑도 다 싫다는 벌거숭이들
사의 찬미 흥얼거리면서도
하느님 전, 세신 탁자에 밑천 슬그머니 올려놓고는
때 불린 탕자이오니
어여삐 여겨 부활하게 하옵소서
온몸 맡기고 있다

자식 농사

바람 잘 날 없는 거문고

울음 껴안은 쇠북

아버지는

평생, 구름의 물꼬 조절하며

여린 벼 키워냈다

세상에는

손발 부르트며

하늘과 동업하는 이 있다

경칩 무렵

이봐요 누구 없소, 산수유 톡 터진다

고로쇠도 빗장 풀어 생각 하나 흘린다

아버지
기일이네요
저녁별이 습해요

새조개

칼바람 부는 세상에서
깃털 없는 알몸은 곱절의 풍랑주의보
이리 뒹굴 저리 뒹굴 차이다 보면
방패막이 하나쯤 장만하지 않을 수 없었으리

비가 오지 않아도 질퍽한 개펄
애지중지 문 닫고 살아야 할 특별한 이유
왜 없겠냐만, 세상과 유리되어 살다 보면
상어의 싱그러운 지느러미와
산호초의 화려한 머릿결과
파랑주의보로 말 달리는 저 푸른 파도는
그림의 떡

가끔, 지나온 길 되짚어 보는 날이면
고생대 날갯짓하던 시조새와
중생대 주름잡던 암모나이트가
관자로 눌러앉아 둥그런 꿈 꾸기도 하겠지만
입맛 다시는 저들의 식탁 위에서는
금세 발가벗은 횟감 아니면 초무침

〉
별빛 희미한 반지하 골방에서
자글자글 모래알 곱씹고 있는 그대여
저들의 칼집 들어오기 전에
날아올라야 하지 않겠는가

깔끄미 세탁소

우리 동네 아파트 상가 입구
깔끄미 세탁소에서는
옷이라 써 놓고 사람이라 읽는다

세탁소로 들어간 사람들은
대게는 하루, 오래 걸려도 사흘이면
어투가 교정 되어 나온다
주름진 발음 펴기 위해
시간 단위로 드문드문 드나들기도 하는데
이마저도 저녁 여덟 시가 지나면 발걸음 뜸해진다
그래도 주민들의 성원에 힘입어
셔터 내려지는 세탁소
표준 발음의 저녁 아홉 시 뉴스 끝나자
저희끼리 밤의 수다 시작된다
립스틱 묻힌 년이나, 묻은 놈이나
텔레비전의 사건 사고처럼
왜 그리도 많은 변명 쏟아내는지
증상에 따라 각기 다른 세제 쓰지 않으면
어눌한 발음 걸러내기 어렵다

이들의 비속어에 어떤 특수 비법 썼는지
아침이면 모두 말쑥하다

국어학자는 절대로 단골이 될 수 없는
깔끄미 세탁소에서는
옷걸이라 써 놓고 사람살이라 읽는다

투명한 잠

롯데월드타워 보이는 잠실역
첫잠 든 사내가
겨울 달려 연두의 플랫폼에 들어서고 있다

사내는 하루 뒤의 봄이 얼마나 짙어지고 옅어질지
자신과는 상관없다는 듯이
코끼리보다 더 무거운 잠을 바닥에 내려놓고 있다

잠은 숙성의 시간
사내가 두 잠 석 잠으로 무게와 부피 늘려갈수록
세상은 연두에서 초록으로, 초록에서 빨강으로
오디의 계절 키워가지만
사내가 고치 닮은 저 타워만큼 팽창하기까지는
아직 잠이 더 필요한 듯

객차가 칸칸이 투명한 사내의 잠을 싣고
실크로드로 향하고 있는 자정 무렵
전광판 구직 광고도 하루의 문을 닫는다

〉
덜컹거리는 소리에 놀란
나방이 철교 위를 날아오르고 있다

나무의 사랑법

봐요, 누가 뭐라 해도 립스틱은 붉은색이어야 해요

쥐 여럿 잡아먹은 거라고
지빠귀는 민둥산 맴돌며 주둥이 나불대겠지만
내밀하게 발기한 꽃대
은밀하게 들이기 위해서는 도드라져야죠

슬며시 가지 뻗어 햇살 감싸고
꽃눈 지그시 감아요
촉촉한 수액과 감미로운 바람 넣어 반죽한 이파리는
때로는 조신하게, 때로는 발랄하게
팔랑이고요

서두르지 말고 천천히, 아주 천천히
쌍비읍의 두툼한 꽃잎일랑 한 겹 한 겹 벗으세요
꽃술 맞닿는 순간에는
뿌리와 줄기도 덩달아 짜릿하여
입술 더운 소리 보탤 테니까요
다들 청춘이잖아요

〉
룰루랄라, 룰루랄라
촉수의 설왕설래는 비데가 아니라서
미로 찾듯 한참을 헤매겠지만
걱정 말아요
세상의 모든 촉수는 보물찾기의 달인인걸요
남쪽 가지가 더 빳빳하게 부풀어 오르잖아요

어때요, 씨줄과 날줄 한복판
씨방까지 촉촉하게 물이 올랐다면
씨앗 하나 후끈, 들여야죠
어림잡아 몇십 년 후면
붉은 민둥산에도 둔덕의 무성한 수풀처럼
한 살림 짙게 우거지겠죠

봐요, 누가 뭐라 해도 우리별은 푸른색이어야 해요

재봉사 인순씨

한때 대전시 문창2동 반장이었던
마을회관 설립에도 앞장섰던 인순씨는
일찍이 조실부모한 큰오빠 슬하에서 벗어나
학교 대신 양재 기술 배워 자수성가한 인순씨는
맏아들 이름 내세워 의상실 차려 놓고
평생, 남의 삶 재단하고 박음질하며 살아온 인순씨는
미국까지 유학 보내 아이비리그 교수 된 아들이
올 팔순 때는 시민권 얻은 쌍둥이 손녀딸 데리고
금의환향할 거라 고대하고 있는 인순씨는
숭숭 뚫린 기억이 골다공증으로 빠져나가지만
숫자 앞에서는 누구보다 의기양양한 인순씨는
조카 음력생일 잊지 않고 전화하며
한나절을 큰아들 자랑인 인순씨는
모시고 살겠다는 작은아들 내외의 권유에도
맏이 사진 꺼내 보며 시장 골목 떠날 수 없다고
황소고집 부리는 밀양박씨 인순씨는
요즘은 이름 모를 야생화 대하듯
혈육도 드문드문 알아보는 인순씨는
옹색한 종지 살림에도 친정 식구 건사하며

평생, 남의 주름 다림질하며 살아온 인순씨는
어릴 적 우리 할머니가 동네 떠나갈 듯
옥단아, 옥단아 하고 나팔꽃처럼 그렇게 불러쌌던
나의 친고모인 인순씨는

울콩, 서울로 향하다

강냉이 꽁보리밥보다
더 꺼끌꺼끌한 생
뼈 빠지게 농사지어도
벼는 내 몫이 아니라서
논두렁의 콩은 울화가 치민다
동학년東學年 보은 집회로 가는 길
골 깊은 청산의 한곡리 문바우*는
아기 장수 발자국에도 깊은 울음 박혀 있다
맷돌에 갈리고 끓는 물에 삶겨도
자루에 넣어져 짓이겨지고 주리 틀려도
참세상 올 거라 믿으며 허옇게 견뎌온 나날들
사람이 곧 하늘이다
간수보다 더 마땅한 한울님 말씀에
골짜기마다 구름처럼 일어나
서로 어깨 걸고 결기에 차 있다
짓눌리면 눌릴수록 더욱 견고해지는
네모반듯한 결속
등에는 울화통 하나씩 짊어지고
손에는 서슬 푸른 죽창 하나씩 들고

관군보다 빠르게
서울, 서울로 향한다

* 문바우 : 충북 옥천군 청산면 한곡리, 동학의 제2대 교주인 해월
　최시형이 보은 집회를 앞두고 머물렀던 곳

시골 버스

시골 버스는 텅 비어도 만원이다
도심 지나면 빈자리엔 햇살과 구름과 능소화가
차창으로 들어와 앉고
새 소리도 빼곡히 자리 잡아 만원이다
논길 지나 산길로 접어들면
목사와 신도 한 명인 예배당 근처 외딴집 보이고
노인과 함께 버스에서 내린 장바구니도
가는 날이 장날이라 푸성귀가 만원이다
구절양장 외길, 경운기 한 대로도 비좁아 만원이고
가끔 노루가 서성이고 있어
이곳이 동물 천국 노르웨이는 아닌지
이런저런 생각 골똘하여 만원이다
백미러는 점점 멀어지는 풍경 담느라 만원이고
고갯마루 천년 묵은 느티나무도
오늘이 가장 젊은 날이라 헛기침이 만원이다
한줄금 소나기에 웅덩이는 파란 하늘 가득하여 만원이고
힘겨웠던 고갯길도 내리막이 아득하여 만원이다
갈지자로 굽은 길은 영락없는 골절의 흔적인데
아직도 새소리는 고운 소리 여전하여 만원이고

서녘 하늘 붉은 노을도 차창에 진득하여 만원이다
기사 양반 눈동자에 세월아 네월아 땅거미 내려앉아도
조등弔燈 같은 저녁별이 또다시 자리 잡아
시골 버스는 온종일 만원이다

담배꽃

꽃은 입술에서 먼저 피었다
몸에서 진이 빠지자
아버지는 담배 한 모금으로 공복 채우셨다
찰지게 꽃 피어나면
잎사귀에 영양분 닿지 않을까봐
꽃 대가리 낫으로 쓱싹 잘라
노을에게 던져주었다

농사란 모름지기 손이 많이 가는 법
향랑각시보다 더 많은 일손 필요할 때면
아버지의 담배밭은 최소한의 용돈이자 학비라서
우리는 첫새벽에도 군소리 없이 일어나
고랑으로 향했다

매미 소리 따라 대공은 점점 굵어지고
뻐꾸기 소리에 맞춰 잎은 쑥쑥 자라났다
머리가 커진 후에는 가끔 고랑에 앉아
꽃을 빨며, 뭉게구름도 띄워보냈다
하루해가 저물 무렵이면
손바닥엔 진득하게 진이 묻어났다

〉
시를 쓰는 내내
내 시의 밭고랑에도
중독처럼 까만 진이 피어났다

초록은 동색이다

숲에 들어서면
세상은 모두 동색이어서 고요하다

잎과 줄기
윗도리 단속 어려운 단풍나무도
시절 따라 살랑살랑 눈웃음 짓는 것이어서
하늘은 푸르고, 계절은 붉다

아랫도리 내려놓은 녹색의 풀들도
열매는 잘그랑잘그랑 익어가는 것이어서
노새는 푸푸 신바람 절로 난다

단청 물든 산밭치 세상만이
제가 잘나 지지고 볶는다

수수

참, 이상하다
꼬리 절레절레 흔들며 다가오던 수수가
오늘은 구석에서 멀뚱멀뚱 쳐다본다

반려자로 살아간다는 것은
날숨과 들숨 나눠 쉬며 눈빛 알아가는 일인데
목청쯤은 감수해야 한다고
기다리는 법 터득해야 한다고

누구의 조건이 누구에게는 목줄이었을
누구의 십 년이 누구에게는 평생이었을
고작 2.0도 안 되는 알량한 시력으로
누구를 읽으려고 한 후회가
수수알로 글썽인다

도수 없는 안경으로도
늘 밝았던 수수
점점 숨 사그라들고 있다
참, 미안하다

별빛 이끄는 곳으로 방향키 잡아
본래의 자리 찾아가야겠다 ―――――

2부

동지 무렵

어릴 적 내 국그릇에는

무가 대부분이었고

오징어는 다리 한두 개뿐이었다

동탯국도 마찬가지였다

어머니 그릇에는 이마저도 없었다

달무리

동네 어귀 마을회관
휑한 골목 지나온 등 굽은 유모차
삼삼오오 모여 뜬 눈으로 보낸
지난밤의 안부 토닥이고 있다
담장 밑 입술 부르튼 달맞이꽃도
또다시 맞이할 수 있을지 모를 아침 하나
거미줄에 누렇게 매달고 있다
절반은 생의 셔터 내려져 있는 마을
아기 울음은 삼백예순날 어디에도 없고
칠월칠석 지나온 까막까치도 생기 잃은 채
이제나저제나 피붙이 기다리며
동구 밖에 시선 두고 있다

강강술래, 강강술래
꼬리에 꼬리 물고 생 이어가는 유모차
이제는 눈 어둡고, 귀 어두워
서로가 서로에게 말조차 건넨 적 오래라서
이웃사촌은 낮 열두 시보다 적막하다
한때 경조사로 분주했던 둥구나무 스피커도

나팔꽃 마른 줄기처럼 할 말 잃어가고 있다
벼 이삭이 패어도, 콩꽃이 피어도
아이들은 천수답처럼 쩍쩍 씨가 마르고
숨 가뿐 개구리 소리만 논바닥에 가득하다
빈집으로 향하는 낮달도
힘에 부친 듯 쉬엄쉬엄 천년을 가고 있다

인물 공감
— 박경주 화가의 '어디로 가는가' 연작 그림을 보고

어디로 가는가
젖꼭지보다 아리게 꽃망울 터트리는 계절인데
흰 모자에 검은 리본 달고
그대, 어디로 가는가
중년의 갈색 머리, 아직은 살결 고운 나이
가녀린 어깨에 검은 댕기 땋고는
감꽃처럼 떨떠름하게 어깻죽지 떨고 있는 그대
목련이 환하게 피어도
아직은 겨울의 잔주름 펴지지 않아
봄의 얼굴 손바닥으로 가린 채

어디로 가는가
바람 불면 금방이라도 흘러내릴 것 같은
레이스 곱게 달린 어깨끈
아슬아슬한 중년 데리고
그대, 어디로 가는가
안개꽃 자잘하게 마음 다잡듯
커트 머리에 붉은 꽃잎 온몸에 새기고
불투명 수채화보다 더 불투명한 유화 속으로
여름 한 다발 어깨에 걸친 채

〉
어디로 가는가
머리칼 가지런히 빗어 내린 능소화가
아직도 앞가슴 기웃거리는 시절인데
나비처럼 망초꽃 흩뿌리며
그대, 어디로 가는가
웃음 이파리도 없이, 울음 꽃자리도 없이
하얀 매니큐어가 오히려 서러운 그대
감청색 찻잔에 바싹 마른 꽃잎 띄워
붉은 지붕 보이는 창가에 앉아
가을보다 더 짙은 서정시 우려내고는

어디로 가는가
꽃 피면 꽃 피는 대로, 바람 불면 바람 부는 대로
은유와 상징의 감정 퍼렇게 덧칠하고는
그대, 어디로 가는가
갈매기도 머리 풀어 별빛 헹구고
수평선도 소실점 없이 차갑게 출렁이는 겨울 바다
갈색 코트 깃 세워 돛으로 달고는
뒤도 돌아보지 않고
그대, 또 어디로 가려는가

꽃

시린 이름 불러본다

성호 그어놓은
저, 수직과 수평의
한복판

그대

별을 낚다

촉수 뻗어 미끼 드리울 때
누군가를 낚는다는 것은 하염없이 기다리는 일

미세한 바람에도 금세 흔들리고
옅은 구름에도 오리무중인 저 푸른 찌도
알고 보면 수억 광년 불 켜놓고
누군가를 기다리는 중

황홀한 시선으로 밤하늘 응시하다 보면
비로소 유영하는 별자리
흰 목덜미와 등 지느러미 실루엣으로 다가와
뜬눈의 눈동자들 설레게 하지

북두칠성과 카시오페이아 주변 맴도는
저 수줍은 별은 처녀자리의 스피카

누군가를 낚는다는 것은 내가 낚이는 일이기도 하여
오늘 밤 나는 그대를 가슴으로만 찜할 뿐
차마, 낚아채지 못하리

아릿하고 저릿한 그대여

나비매듭 상자
– 천고은 화가의 '선물' 그림을 보고

시간이 모인 자리
둥근 고치 속에는
무슨 몸뚱어리 저리도 감파르기에
겨울조차 동여매고 있는가

무채색의 세상
한 겹 두 겹 풀어보면 이름도 얼굴도 불투명한 애벌레들
순간을 얼마나 살 닳는 물음표로 살아왔는지
순백의 덧칠로도
그림자가 실루엣보다 짙다

명도 대비의 세상
세세히 들여다보면 숨과 사색조차 사치인 엄지벌레들
순간을 얼마나 쭈뼛한 느낌표로 버텨왔는지
색색의 채색으로도
먼동이 땅거미보다 두렵다

고치의 시간이 나비로 환골탈태하기까지
맨살의 번데기는 순례의 길
수천 번 다녀왔을 게다

〉
시간이 탈피한 자리
나비매듭의 상자 속에는
무슨 선물 저리도 황홀하기에
봄조차 어리둥절한가

물고기자리

부화하는 날부터
역류하며 살라는 숙명이었다
포식자에 놀란 가슴 물풀 뒤에 숨길 때도 있었지만
물길 멈출 수 없었다
거센 물살에 떠밀려 기진맥진하기도 했지만
부레 속에 푸른 하늘 넣어 스스로 일으키기도 했다

천신만고 끝에 오른 수문
넘고 넘어도 파문은 언제나 그 자리
천둥 번개가 내려놓은 흙탕물에 나뒹굴고
소용돌이에 휩쓸려 자전과 공전 반복하기도 했다
그래도 어쩔 거야
숙명처럼 지느러미 달고 있는 이상
방향키 곧추세우고, 힘차게 노 저어야지

어디 거센 물살뿐이었겠는가
사랑할 나이 되었을 때는
자갈 집 하나 마련하기 위해 입술 부르트기도 했지만
난생처음 짝 만나 산란할 기쁨에 잠도 오지 않았다

아가미 숨 가쁘고, 몸의 진액 옆줄로 빠져나가도
절정의 순간에는 이대로 죽어도 여한 없겠다는 생각도 했다

이제는 옅은 물살에도 허옇게 비늘 벗겨져
어미, 아비가 그랬던 것처럼
앙상한 가시만 돛단배로 남았다
별빛 이끄는 곳으로 방향키 잡아
본래의 자리 찾아가야겠다

아버지라는 이름

자식이 사고 안 치고 밥만 잘 먹어도 좋아한 사람

취해도 등 푸른 생선 한 마리쯤은 늘 들고 온 사람

굳은살이 등에 박여 목욕탕에 함께 가기 꺼린 사람

식솔 주위만 늘 맴돈 사람

살만하니 되었다 싶어 하늘로 서둘러 간 사람

어머니라는 이름

우주의 시작과 끝

오직 한 번뿐인, 오직 하나뿐인

절대자였고, 절대자인

울컥의 처음과 나중

가장 낮아, 가장 높은

거룩한 이름

부부

고래심줄 부여잡고 세상 버틴 저 구들장
윗목의 가장자리 새우잠 묻어 있네
오목한
재떨이에도
잿빛 한숨 담기고

옹색한 살림살이 참아낸 말없음표
어쩌랴 속울음은 앞치마에 숨길밖에
우묵한
젖가슴에도
젖은 눈물 고이고

달동네 만두 가게 눈썹 젖은 쌍봉낙타
찰지게 반죽해도 매일이 찜통이지
사막도
오아시스도
한통속인 순례자

사랑, 참 고놈

따뜻할 때보다 식었을 때 맛있어야 한다

햇살과 구름, 천둥과 번개처럼 변화무쌍하다

모기 눈썹의 이끼꽃에도 초명벌레 날아든다

집토끼와 산토끼의 구별이 없다

목숨 있는 것들의 숙명이다

배달의 후손

타이밍 벨트 멈춰진 몸에서
물이 빠지자
사내는 바닥 드러내기 시작했다

웅성거리는 흰 선의 소리 들려왔지만
현금자동인출기의 기계음이라 생각했다

마이너스통장은 늘 잔액 부족으로 거래 정지되었고
가장의 아스팔트는 스키드마크로 대신 채워졌다

잘린 도마뱀의 꼬리처럼 마지막 숨 헐떡이며
사내가 가는 햇살로 눕자
삶의 표면장력 약해진 스쿠터도
더 이상 바퀴를 지탱할 여력이 없어졌다

사내의 몸 밖으로 서서히 길이 열리자
잠시 흩어졌다 모인 정오의 시간이
황급히 일어나 영구차에 올랐다

〉
겨울 강 같은 사내들이
왕왕거리며 상주처럼 뒤따르고 있었다

워킹맘

선수촌에 들어온 지도 어언 삼십여 년
누가 정해놓았는지 몰라도
경기 종목은 다양하기도 하여
수영, 사이클, 마라톤
철인 3종 경기는 이도 안 났죠

집안일은 필수, 바깥일도 필수
사시사철,
이리 차이고 저리 눌린 나날들
삼시 세끼, 단골 메뉴는 샌드위치였죠

올림픽에 철인 만종 경기는 없다 하니
서운하긴 하지만
그래도 매달 쥐꼬리만한 월급 입금된다니
황송해서 청단풍도 붉어지겠어요

대표 선수 노릇 한지도 어언 한 평생
무슨 여한 있겠냐마는
허전한 모가지에 빛나는 메달은 아니더라도
수고했다, 고마웠다는 말 한마디
저녁별처럼 걸어보고 싶긴 해요

시국

산사의 빗돌 지나 숲으로 가는 길
이른 바람에 떨어졌는지
누군가 주워 반석 위에 올려놓은 감
가을볕에 익어가는 중인데
지난여름 생의 절정 빠져나간
울음 껍데기들이 아직도 나무에 걸려있다

푸른 바람 맞으며
매미의 허물 속에 누워 바라보는 하늘
떼지어 팔랑이는 잎새들은 저리도 여전한데
그 많던 알맹이는 모두 어디로 간 것일까
나이테가 내는 싱잉볼 파동 따라
뿌리 속까지 들어가 봐도
여전히 실마리는 찾을 수 없어
대낮이 오히려 캄캄하다

카카오톡

빗방울도 저리 가벼울까

지나는 구름마다 거북목 되어
말풍선 지상으로 쏟아내고 있다

거리에도, 지하철에도, 교실에도, 카페에도
톡톡, 톡톡

천지사방
투명 인간뿐

3부

사월, 제주 동백꽃

누군가를 그리다 혼절하지 않는다면
통째로 사랑일 수 없는 건가요

오름 맴돌던 억새 바람이
너븐숭이에 징한 사연 전하는 거 아니라면
햇살 붉게 매달 수 없는 건가요

덜 그리워야 꽃도 피고
덜 서러워야 꽃도 지는 법

누군가를 사랑하다 애틋하지 않다면
통째로 작별일 수 없는 건가요

이어도 지나온 파랑이
주상절리에 온몸으로 부서지는 거 아니라면
달빛 노랗게 떨굴 수 없는 건가요

사월에도 피고 지는 저 꽃들
덧난 상처 쉬 아물지 못하는 것은
동박새의 속울음이 깊기 때문인가요

사람이 동백보다 시린 이유인가요

윗세오름 겨울 등정기

시절도 겨울 중턱에 들어섰으니
어림잡아 어리목부터 시작해야겠다
돌다리 건너면 등고선은 더욱 촘촘하여
앞서간 발자국도 가파르다
낮은 세상에는 비가 와도
높은 세상에는 눈이 쌓여
발자국이 발자국 데리고 가는 길
등산화 단단히 묶고 아이젠 스패츠 장만하여
스틱에 의지하여 오르다 보면
나목들도 겨우살이 더불어
겨울 등고선, 푸르게 버티어내고 있다
까마귀도 한세상인 해발 1,400미터에는
살아 백 년 죽어 백 년, 구상나무가
발목 시린 노루에게 길 양보하려는 듯
상고대 머리에 얹고 길옆으로 비켜 서 있다
오르고 오르다 보면 산도 지치는지
평평한 자리에 수묵화 한 점 불쑥 내려놓는다
여백이 낸 길 따라 발길 옮기다 보면
어느새 해발 1,700미터, 윗세오름 대피소에는

이미 위 세상에 오르려는 신선들로 만원이다
저 위는 흰 사슴이 산다는 딴 세상
여기까지 온 것만으로도 숨 차올라
주목朱木이 되어서야 백록담 기약할 수 있겠다

제주 북촌리

유채꽃 피우는 바람도
동백꽃 떨구는 바람도
팽나무 훑는 바람도
환해장성 넘는 바람도
용천수 파문 이는 바람도
오름 스치는 바람도
너븐숭이 다독이는 바람도
모두 한날한시의 바람이었다

지나는 구름도
덜 서러워야 비 뿌린다

순이 삼촌,
그림자로 살고 있다

동백꽃

겨울에도 피는 꽃

통꽃으로 떨어져도 열흘은 족히 가는 꽃

동박새의 혼령이

사시사철 서성이는 꽃

순이 댕기에서 다시 피어나는 꽃

서귀포에서

서귀포를 눈에 넣는 날이면
바람 불거나 눈비 오거나
자구리 해안에는 이중섭의 은지화 애틋하고
두모악에는 김영갑의 셔터 소리 분주하다

문섬 보이는 곳에 하루의 여장 풀고
낚싯바늘에 코 꿰어도 양해 바란다는
생갈치 조림 이름난 네거리 식당과
오메기떡 붐비는 올레시장 찾아 허기 달래보지만
허기는 또 다른 허기 부르는 법
이어도 북동쪽 약 62km 부근 해역
리히터 규모 3.8의 본진이 지나간 후에도
여진은 또 삼춘들의 코골이에 전이 되어
칠십 리 서귀포가 들썩인다
저 여진은 동백꽃이 통꽃으로 내리는 떨림
저 여진은 억새가 붓놀림으로 오름 오르는 몸짓
저 여진은 너울성 파도가 환해장성 넘는 해일
하루를 복기하느라 새벽 세 시 지난 시각에도
꽃잠으로 몰려오는 삼춘들의 끊임없는 여진에
서귀포의 밤은 여전히 뜬눈이다

〉
서귀포를 가슴에 품는 날이면
노을 지거나 별이 뜨거나
여진으로 달려오는 이어도는 어찌할 수 없어
귤꽃도 노란 파동 정수리에 얹는다

카페, day & Day

모슬포항이 보이는 카페에서는
어느 한쪽이 짙거나 옅음에 상관없이
파랑과 파랑이 만나면 수평선 이룬다
남자는 수평선 위를 떠돌고
여자는 수평선 아래에 머문다
촉수 내민 향기 막대가 위아래층 퍼 나르는
카페, day & Day
어제 그리고 오늘, 매일을 기다려도
몹쓸 사람, 참으로 몹쓸 사람
모슬포로 떠난 사람은 돌아오지 않는다
서로에게 물들지 않았다면 몰라도
이미 스미기로 작정한 사이라면
동박새 날아오르고 돌고래 유영하는
이곳 카페에서 더도 말고 덜도 말고
단 하루만이라도 머물다 가지
종일 갯바위에서 낚시질하는 저 노을처럼
비가 개도 햇빛이 출렁여도
환해장성에 막혔는지 입질 오지 않는다
모슬포항이 보이는 카페에서는

사람을 홀로 보내는 게 아니었다
내일 그리고 모레, 매일을 기다려도
떠나간 파랑은 돌아오지 않을 것이다
모슬포로 떠난 몹쓸 사랑은

팽목항에서
－ 세월호 참사 11주기에 부쳐

어제의 썰물은 오늘의 밀물이 아닙니다
솟대가 자라나는 만큼
그리움은 더욱 깊어져
진도의 대파는 뿌리까지 저릿합니다

사람에게만 눈물이 산다는 것을
파를 썰어본 사람은 압니다
매운 내는 천년이 지나도 가시지 않아
기억의 벽은 속눈썹이 습합니다

푸른 대공에 노란 리본 달아봐도
바람길로 떠난 새는 돌아오지 않고
삼백예순날 속 껍질 하얗게 벗겨봐도
하늘나라 우체통은 기별이 없습니다

파꽃 흐드러지게 피어나는 사월
맹골수도의 부표는 여전히 고운 열여섯이라서
나비는 차마 내려앉지 못합니다
아리랑도 뼛속까지 아릿합니다

바람개비 마을

 세곡 실어 나르던 성당포구 금강 둑길에는 가로등 대신 바람개비 자리하고 있어요

 금강 변의 시원한 바람 맞으며 자전거 라이딩 즐기려는 사람들 즐비하지만 바람개비는 아랑곳없이 돌고 돌아요 어릴 적 색종이 아니라서 송구하지만 수천 년 동안 모진 바람 이겨내려면 강철로 된 바람개비쯤은 되어야 해요

 성당리, 형형색색 천 개의 꽃바람에는 세파 이겨낸 만 개의 울음 실려있어요

신성리 갈대밭에서

금강 하구 신성리 갈대밭
절반이 억새다

영화 공동경비구역 촬영지라면
공동명패 달아도 좋으련만
천 리 길 달려온 강
바다에 이르러 이름 사라지는 것 보니 알겠다

한때는 산등성이 수놓던 억새였다
어쩌다 시류에 떠밀려 남의집살이 되었건만
이래 봬도 산과 들판 지켜내던 억센 이름이다

어느 60대 노부부 이야기
버스킹으로 들려오는 11월 중순 무렵
울컥한 사연 허공에 담아두려는 찰나
일몰 직전 순간 밝아지는 하늘처럼
은빛으로 억새 빛난다

갈대밭 가장자리
하루살이 날갯짓 절정인데

그새 허옇게 센 내가
하늘로 오르려는 붓놀림 한창이다

채석강

책장을 열어요
압착 된 시간이 쌓여 있네요

마른 지층의 페이지에는
아직도 사랑이 촉촉한 화석으로 남아 있나요
목숨 있는 것들의 질긴 숙명이죠

수신인을 적지 않아
누대에 걸쳐 부치지 못한 편지도
책갈피로 웅크리고 있어
저녁노을은 언제나 울컥해요

지금도 못다 부른 죽은 새의 노래가
후박나무 꽃향기로 켜켜이 쌓여요

캄브리아대의 삼엽충은
머리, 가슴, 꼬리, 따로따로의 사랑이었을까요
다가서지 못한 후회가 밀려와요

〉
달이 떠요
수억 년 동안 해찰한 별빛도
가자미 데리고 술잔에 스며드네요

압착 된 사랑이 파랗게 쌓여요
책장을 덮어야겠어요

향적산 등정기

아래가 없어 위도 없다는
무상사無上寺 빗돌 지나 정상으로 가는 길
사향노루 서성이던 황톳길에는
등골나물 꽃잎과 노루오줌 풀이
두 손 합장하며 생生 건너고 있다
오르면 오를수록 까마득하게
단청 물든 세상 내어주는 가파른 길 따라
참으아리꽃 데리고 산 중턱 들어서면
숨겨두었던 산방山房이 수묵화 한 점 슬그머니 내놓는다

방문 열고 나오는 처사
해우소 가리키더니 숲으로 사라진다
순간, 나도 천 길 낙하하는 매화꽃 향기에 취해
시간 잊고 해찰하는 중인데
도토리 이승 떨어지는 소리에 놀라 밖으로 나와보니
이슬이 밤새 걸어놓은 거미줄에
바람이 잠시 멈춰 신발 끈 고쳐 매고 있다

수직의 침목 계단 오르고 오르다 보면
집 한 채 슬며시 다가와 마루 내어주며

마지막 호흡 가다듬으라 한다
실시간으로 소식 전하는 어느 방송사의 중계탑 지나
정상 직전의 대피소에 도착해 보면
달맞이꽃이 먼저 똬리 틀고 앉아
이곳은 궂은날에만 대피하는 곳이라고
노란 혀 날름거리며 엄포 놓고 있다

정상 바위틈의 닭의장풀, 오행비와 천지창운비도
이제는 하산할 때 되었다고
서녘 횃대에 별 총총 올려놓고 있다

도로 아미타불

곡예사처럼 칼치기 하는 그대

구급차도 추월하고
장례 차량도 추월한다

하루살이는 하루가 평생이라던데

지구 자전 속도보다
지구 공전 속도보다

왜 그리 서두르는가

관세음보살!

수수꽃다리

세상은 지금
하늘과 나와의 줄다리기

푸른 꽃대 위에 망울져 있는
하늘의 수줍음과
강아지풀처럼 심술 가없는 내 마음이
팽팽히 맞서고

사랑해, 사랑해, 사랑해

새 떼 날아오르는 광경이 아름다운
레스토랑 슈만과 클라라에서
세레나데의 선율로 간지럼 태우는 순간

까르르 까르르

수수하게 웃음 짓는
미스 김

유성 오일장

자연산 인정이 그리울 때는
개망초라도 불러 가까운 유성장으로 가자
난전에 풀어놓은 전대에 흥정이라도 붙여보자

장에 들어서면 가장 먼저 대장간 들러
무디어진 지난 기억들 벼린 후에
시장기 폴폴 도는 골목에서
수수부꾸미랑 파전이랑 순대 한 접시 게눈으로 감추고는
구석쟁이 웅크리고 앉아있는
상추와 고수와 더덕의 씨앗들 샛노랗게 얼러보자
콩이나 팥도 아랫도리 실한지 깨물어 보고
진하게 우려진 우슬과 황기와 강황은
쇠약해진 관절에 맛보기로 던져주자
느닷없는 뻥튀기 소리에 놀라 뒤로 자빠지더라도
시침 떼고 일어나 입술에 토종꿀이라도 발라보자
고운 머리핀과 머리띠도 하나씩 사서
잔망스러운 열여섯 단발머리에 꽂아도 보고
고와서 서러운 꽃무늬 몸뻬바지는
스무 살의 첫사랑에게 깔깔깔 입혀도 보자

가끔 나귀 데리고 드팀전 펼치러 온다는
허생원 만나면 성서방네 처자 안부도 물어보자
시방까지도 깨 쏟아질 기미 안 보인다면
맞은편 방앗간에 들러 들깨라도 대신 볶아 주자
이리저리 기웃거리다 하루살이에게 시비 붙어
계룡산 삼불봉이 주섬주섬 눈 흘기며
하루를 파장할 즈음이면
입술 부르튼 좌판들 불러 모아
부추 고추 넣은 장떡, 채반 가득 보름달로 지져놓고
탁배기 한 사발씩 거나하게 돌리자

유성천의 징검다리 너머로
주상복합 빌딩이 급류로 다가서는 도심의 오일장
난전의 자잘한 보따리 하나가
누구에게는 평생 목숨줄이었다는 것을 알자

산책

깨어나는 것들은
울음 알맹이 하나씩 품는 것이어서
수평선 위 피도 안 마른 햇살이
아리랑 아리랑 기어오르고 있다

스핑크스의 수수께끼 찾아 걷는 길

하직하는 것들은
노래 껍데기 하나씩 벗는 것이어서
서산 위 핏기 마른 노을이
꼬부랑 꼬부랑 넘어가고 있다

평생이 하루를 다독이며 가고 있다

4부

빈집

까치가 주인 행세인 시골집

주렁주렁 청개구리 매달던 대추나무

물기 말라 가시덩굴에 몸 내어주고 있다

어머니 손때 묻어 있는 까만 장독대 옆

옹기종기 모여 앉은 돌나물꽃

노랑 별빛, 그렁그렁 띄워내고 있다

시집 읽기

차림새 정도는 훑어보고
속내 들여다보아야 할 것이나
무시한 채 너를 넘기곤 했다
은유와 상징의 상관물 따라 옷고름 풀면서도
감정선에 몰입하지 못하여
행간은 언제나 어둑했다
통독하기는커녕 함수에도 미치지 못하여
언제나 집합 부분만 손때 묻어났다
밑천도, 기력도 어설픈 해몽으로
삼천포로 빠지기도 하였으나
주요 감정에 밑줄 긋고
발랄한 상상력에 맞장구친 때도 있었다
하지만 별도 뜨기 전에 꽃은 시들어
과실 하나 제대로 수확하지 못하였다
출판사와 발행일에 상관없이
너를 대하는 일은 온전히
나의 일조량과 습도에 기인한 것이어서
네가 좀먹는 일은 모두 내 탓이었다
너를 다시 꺼내 읽을 때면

헤어진 사람과 마주치는 순간처럼
서먹하기도, 미안하기도 하였다

온난화

빙하는 알고 있었을까

고래가 물 밖에서 분기공^{噴氣孔} 열고
밤이면 가위눌리는 이유
삼백예순날 몸과 마음 습하여
햇살 좋은 날이면
아가미와 지느러미 수평선에 너는 이유

지도 많이 그려봤잖아
키 쓰고 소금 얻으러 갈 때면
앞니 빠진 갈가지 째려보고 있는 거

투발루 섬이 무슨 죄야
해조류와 어린 왕자도
좌표 재설정해야겠네

뽀송한 이불이여 이젠 안녕
발목까지 차오른 노을과 별빛도
역사와 문학과 철학도 이젠 모두 안녕

빙하는 이미 알고 있었을까

독거노인

김치 쪼가리에
찬밥 한 덩어리

개미 한 마리도 없다

거대한 이불

입 뾰족한 학꽁치 불러 모아
남북극 오가는 부르튼 바람과 구릿빛 햇살 넣어
간간하게 소금도 뿌려가며
한 땀 한 땀 푸르게 기웠다

햇살 좋은 날이면
하늘 맞닿은 수평선에 고만고만한 섬으로 널어놓고
밤새 습하게 뒤척이던
낙지, 문어, 갯지렁이들 일광욕도 시켜주고
간혹, 밤새 별자리 헤매다 지도 그린
조무래기들에겐 기죽지 말라며
홑청도 뽀송하게 갈아주었다

비바람 사나운 날이면
날쌔고 부지런한 날치, 갈치, 새치 더불어
여리고 고운 것들 숨통 조이는
플라스틱, 스티로폼, 폐어구 한데 모아
처얼썩 처얼썩 척 쏴아
양심 없는 무뇌아에게 되돌려보냈다

〉
아이들과 까르르까르르
새겼다 지웠다, 발자국 놀이할 때면
해 저문 줄 모르다가도
빙하가 앵커의 뉴스보다 빠르게 녹고 있다는
흰수염고래의 전언 들려오기라도 하면
금세 달려가
펭귄과 북극곰 다독여 주었다

저 남태평양의 투발루 섬이
본의 아니게 지도에서 사라지는 날에는
누구보다 먼저 머리 풀고 찾아가
별빛보다 촉촉하게 조문弔問도 하겠다

소금 사내

바람과 햇살의 문장 새겨진 염전 걸러보면
소금꽃 몇 송이 피어났다
물의 무늬 따라 뼈대 세우며 살아온 저 사내
사리 몇 줌 보탰을 거다

수차 밟아 삼백예순날 경전 펼치면서도
조바심 내지 않고 쨍쨍하게 기다렸다
허기진 배 바닥에 닿을 때도
두부 오듯 소금은 오는 것이라며
주신 대로 거두리라 다짐했다

골다공증으로 뼈 주저앉아
창고마다 생生의 허기 가득할 때도
평생 간직해온 기억 새어나가면 몸도 빈집 된다며
물골이 일러주는 길 따라
정신줄 놓지 않았다

시절 하 수상하여 폐염전 소식 들려올 때마다
간수보다 더 짠 눈물 흘리던 사내
격렬비열도 건너온 멸치 떼와 연대하여
이웃 나라 오염수 거르고 있다

호박 단상

노란 별꽃 내려앉은 자리
세상의 배꼽은 모두 꽃이 진 흔적

나는 본래 호박씨였는지도 몰라
씨방 부풀려 자라났으니

마리아는 갓 태어난 어린것이
밑바닥부터 들어올리는 오줌 줄기 보며
미역 줄기보다 뽀얗게 젖 돌았으리

청기와 지붕과 붉은 벽돌의 파티마 성당
하얀 미사포 더불어 두 손 모으고
둥글게 익어가기 간절히 기도했으리

꽃도 피지 않는 동짓달에는
불도 들지 않는 골방에 홀로 앉아
생生의 부기 가라앉히고 있었으리

어느덧 숨줄기도 말라
땅속으로 배꼽 잦아들 때는
온몸도 물컹물컹 내주었으리

꽃동네

꽃씨 심어야 꽃 피고
꽃 피어야 꽃밭이다

꽃씨 심는 사람 있어 동네 환하다

마음속에 꽃씨 심어보자

너 환해져 나 환하고
나 환해져 너 환하다

우리 환해져 세상 환하다

커피를 마시며

내가 만약 커피포트라면
순수한 물만을 고집하지 않으리
어떠한 물이면 어떠랴
제 몸 데워 시린 세상 달궈 주는 것임을

내가 만약 커피라면
우아한 잔만을 고집하지 않으리
어떠한 잔이면 어떠랴
제 살 풀어 구린 세상 향기롭게 하는 것임을

내가 만약 커피잔이라면
화려한 잔 받침만을 고집하지 않으리
어떠한 잔 받침이면 어떠랴
제 속 비워 쓰린 세상 담아내는 것임을

내가 만약 세상에 무엇이라면
커피 물로 단풍들고 싶다
알맞은 체온과 향기와 빛깔로
가는 비 오는 세상, 한 데 어울릴 수 있게

나의 한울님은

유년 시절 버짐꽃으로 눌어붙은
그리하여 통싯간 기어오르는 구더기
그리하여 호박잎 비비대는 황금 똥파리
그리하여 미루나무 꼭대기 날아오르는 종소리
그리하여 연못에 파문 이는 둥근 말씀
그리하여 북쪽 나이테에 박인 울컥한 눈시울
그리하여 별빛 밟고 온 꽃신
그리하여 아사녀 무덤가에 피어난 패랭이꽃
그리하여 무화과 그늘에서 나누는 사랑
그리하여 어린양 빚어낸

세상의
가장 추한 곳에서 거룩한 곳까지
가장 낮은 곳에서 높은 곳까지
온누리 휩싸고 도는
그리하여 하늘에도 땅에도 계신
그리하여 쉼 없이 부르는
나의 노래

굴참나무의 하루

커튼 열면 숲의 영사기 아침 햇살 퍼뜨리며 하루 쏟아내죠 가슴 내놓은 방울새 다락방에 둥지 트는가 싶더니 쌍둥이 내 질러놓고 새벽 토해 새끼 먹이느라 분주하고요 푸른 이마 먼지 꽃 피운 문간방 이끼도 초명 벌레 서방으로 들이느라 야단이네요 숲속에 비릿한 그림자 짙어지면 바람결에 그 욕정 다 풀어버리고 싶지만 수도관 아무 데나 박을 수 있나요 생의 뿌리 깊은 지하에서 삶의 촉수 하늘 닿은 다락까지 신발 문수대로 살아야죠

하루의 나이테 저물어요 숲의 그림자도 발목까지 찰박이고요 하루를 압착한 코르크판이 둥근 달빛에 풀어지네요 저 야들야들 방아 찧는 계수나무의 하루는 아니고요 딱따구리 시끄러워 셋방 들이지 않겠다고 실랑이 벌인 하루네요 속 긁어 애간장 녹이던 풍뎅이 송장으로 내보낸 하루고요 자식새끼 후두둑 이승 열매 떨어져도 잎사귀에 몸 말아 거미줄 태워 보내지 못한 하루네요

아! 묵사발 같은, 이래도 한세상 저래도 한세상인걸요

그릇

장독대 옹기종기 모여 있는
살강에 살뜰하게 놓여있는

토기 목기 유기, 접시 종지 대접

수천 번의 물레질과 두드림으로
얼굴 내밀었고
수천 도의 불맛과 수천 개의 빛깔 머금어
이름 얻었으리

금이야 옥이야 동이야
꽃 담으면 꽃그릇, 밥 담으면 밥그릇
생각 담은 말, 마음 담은 몸

어찌, 달리 입에 담을 수 있으리

나이 들어 지켜야 할 것은

동안보다 동심

시든다는 것은 물기가 사라지는 것

나이테의 입술이 마르는 까닭은

이파리의 수다가 사라지기 때문

나이 들어 지켜야 할 것은

수피樹皮보다 물관

공간 탐구

공중에 의자를 놓는다면
나는 새털구름 택하겠다
계절의 특파원으로 숨 가쁘게 오가는 철새 불러 앉히고는
공장 매연 지독한 저 차이나의 낮은 하늘과
화약 냄새 가득한 가자지구와 우크라이나 상공과
인공위성의 날카로운 금속성 난무하는
인간들의 공중과는 달리
그대들의 하늘은 안녕하신지

대양에 의자를 놓는다면
나는 무인도 택하겠다
쉼 없이 남북극 오가는 흰수염고래 불러 앉히고는
온난화로 침강하는 이름 낮은 나라와
플라스틱 쌓여가는 북태평양 쓰레기 섬과
크릴새우 떼 점점 사라지고 있는
인간들의 대양과는 달리
그대들의 바다는 안녕하신지

지상에 의자를 놓는다면
나는 해바라기밭 택하겠다

가끔 햇볕 쬐러 나오는 두더지 불러 앉히고는
악취 진동하는 쓰레기 매립장과
공장 폐수 흘러나오는 개천의 썩은 둑과
방바닥 눅눅한 단칸방에서 바퀴벌레와 동거하고 있는
인간들의 지상과는 달리
그대들의 땅은 안녕하신지

그리하여 내게도 의자를 놓는다면
나는 창 넓은 2층 찻집 택하겠다
침묵으로 일관하고 있는 시인 불러 마주 앉히고는
줄 서서 대기하고 있는 저 별다방의 빽빽한 빨대들과
비워낸 플라스틱 잔만큼 채워지는 낯 두꺼운 모르쇠들과
스키드 마크에 곱씹힌 푸른 고양이들의 눈깔 붐비는
저들의 특별시와는 달리
우리들의 서정시는 정말 안녕하신지

치어

그물 빠져나가는 그대여 안녕
가늘고 야윈 오늘의 너를 기억하겠다
물 밖 이파리들이 햇살 머금고 푸르름 더해가듯
낮달이 서녘으로 가며 살 오르듯
너 또한 뼈대 굵어지고 지느러미 힘찰 줄 믿는다
언젠가는 내 별빛 듬성듬성한 그물에 걸리는
시어로 성장하리니
떠나간 오늘을 아쉬워하지 않겠다
모래무지가 굵직한 자갈 휘젓을 때나
피라미 떼가 미루나무로 튀어 올라
새의 부리와 구름의 이마에 닿을 때도
너를 그리는 일은 내 몫이기에
평생, 해찰하지 않겠다

작품
해설

| 해설 |

시적인 것들을 산출하는 세상

송기섭 충남대 교수

 그렇고 그런 세상은 박주용의 시편들을 형상하는 아주 소박한 질료이다. 그토록 평이한 일상의 자질들이 어떻게 시의 형식 안으로 들어와 고요한 자신의 감정과 정신을 지닌 시적인 것들이 될 수 있는지 의문이다. 그곳에는 세상에 으레 끼어들기 마련인 분투나 절망을 낳고 마는 타인과의 부대낌이 없다. 그곳은 거닐면서 바라보고 듣고, 그리고 아주 인간적으로 생각하는 장소일 뿐이다. 그런 산책의 과정에서 시인의 현실은 지내온 내력과 연결되고 융합되면서 인간적 진실을 담은 하나의 생산이 이루어진다. 세속의 낡음을 버리고 도래하는 그것을 나는 시적인 것들이라 부르고자 한다.
 자신의 역사를 마주해오는 현실에 뒤섞어 새로움을 산출하는 시적 소요자가 여기 있다. 그는 지극히 사적인 개인의 삶을 인간성이 충만한 의미의 세계로 전이 또는 환원시킨다.

한층 깊어질 법한 고독은 한층 더 확대된 듯한 사유의 자유로 다가온다. 자유는 관습으로 묶여 있는 의미를 해방시키는 바로 그 위치에 있음을 깨달아야 우리는 비로소 그의 시가 과잉되게 포획한 시의 '세상'에 들어갈 수 있다. 그 세상에서 우리는 돌아온 '탕자들'이라 통칭할 가족들, 친지들, 지인들을 만난다. 그리고 그들과 만나기 위해, 사회적 인간으로서의 그들의 내면성을 진정 표시하는 새와 나무와 꽃으로 어우러진 자연에서 만들어진 기호들을 해석해야 한다.

  탕자들은 세상을 살아왔고 살아가는 그곳의 주인이다. 남루하고 초라하고, 심지어 지난 역정의 삶을 회개해야 마땅할 그 탕자들이 세상의 주인이 되고도 아름다워지고, 심지어 숭고한 감정이 될 수 있는 조건은 그들이 세상에서 시적인 것들로 산출될 때이다. 시적인 것이 되기 위해서는 사물의 외양이 바뀌도록 거기에 인간의 정신을 담아내야 한다. 정신은 숭고한 인간 영혼의 소산으로 한편의 시를 다른 위상의 세계로 고양시키지만, 그러나 여기서 필요한 것은 그것의 의미 못지않게 시작詩作의 기법이다. 오히려 시작술이라 할 기법이 정신의 우위에서 작동하면서 그 의미를 심화하고 미적 즐거움을 부여한다. 그렇게 박주용은 자신만의 고유한 기법을 가져오는데, 우리는 그것을 꽃이란 형상, 색의 이미지, 사랑-의식 작용이라는 장치들로 나누고 연결하고 융합하여 설명할 수 있다.

1. 꽃이란 형상

형상의 본질은 어떤 것을 보이게끔 하는데 있다. 어떤 것의 보임새로서의 형상을 표현한다는 점에서 시는 회화의 이미지를 닮는다. 꽃은 박주용의 시편들에 반복해서 나타나는 회화적 형상이다. 그는 이 형상 안에 세상에서 마주친 어떤 진실을 담고자 한다. 의미 있는 형상은 물질로서의 세상을 정신의 소산으로 변형한 결과이다. 생명이 움트듯이 세상의 탕자들은 꽃의 형상으로 부화하고 탈피하면서 우발적인 떨림을 맞이한다. 삶이란 그 열림 위에서 조화를 얻으며 충만하게 존재의 위안을 얻는다. 아버지의 생애가 '담배꽃'으로 표상 되듯이, 고모의 그것이 '나팔꽃'으로, 누군가는 '감꽃'으로, 그리고 다른 누군가는 '귤꽃' 혹은 '파꽃'으로 유추된다. 시의 형식으로 매개된 꽃들은 인간 세상을 향해 의미작용하며 "사랑해 사랑해 사랑해"(「수수꽃다리」에서)라고 격렬하게 속삭인다.

꽃은 박주용의 세계 안에서 잠재적인 것이 현실적으로 나타나는 하나의 형상이다. 그 형상들은 시적 허구 내에서 '탕자들'과 비밀스럽게 연주되면서 저마다의 특권으로 부여된 의미를 얻는다. 박주용의 시에서 꽃들은 그렇게 이름 낮은 이들과 나눈 사건이다. 섬광처럼 비춰오는 이 굉장한 사건은 시적인 것들이 생성되는 바로 그 순간이기도 하다. 그것은 찬란한 생명의 솟아남이지만, 그러나 너무도 일찍이 당면해야 할 죽음이기도 하다. 꽃이 생명의 계기로서의 생성 이면에 감추어진 죽음이야말로 인간 삶이 또한 감당해야 할 애처로운 몫이다. 꽃의 환희 못지않게 꽃의 '상처' 또한 그 형상이 간직한 왜상歪像의 자리에 남겨진다. 삶의 영혼은 그 얼룩진 흔적들에서 아버지나 어머니라는 상징을 표상하며 꽃으로 피어난다.

> 꽃은 입술에서 먼저 피었다
> 몸에서 진이 빠지자
> 아버지는 담배 한 모금으로 공복 채우셨다
> 찰지게 꽃 피어나면
> 잎사귀에 영양분 닿지 않을까봐
> 꽃 대가리 낫으로 쓱싹 잘라
> 노을에게 던져주었다
> (중략)
> 꽃을 빨며, 뭉게구름도 띄워보냈다
> 하루해가 저물 무렵이면
> 손바닥엔 진득하게 진이 묻어났다
> ―「담배꽃」 부분

> 어디로 가는가
> 머리칼 가지런히 빗어 내린 능소화가
> 아직도 앞가슴 기웃거리는 시절인데
> 나비처럼 망초꽃 흩뿌리며

> 그대, 어디로 가는가
> 웃음 이파리도 없이, 울음 꽃자리도 없이
> 하얀 매니큐어가 오히려 서러운 그대
> 감청색 찻잔에 바싹 마른 꽃잎 띄워
> 붉은 지붕 보이는 창가에 앉아
> 가을보다 더 짙은 서정시 우려내고는
>
> ―「인물 공감」 부분

 꽃은 감각 저편의 추상이 아니라 눈들어 보이고 손들어 잡히는 객체로 바로 여기에 있다. 그렇다고 그것이 단순히 눈앞에 있는 리얼리티로서의 사물을 모방한 실물 그 자체라는 것은 아니다. 그것은 불쑥불쑥 밀쳐오는 기억이며, 그것의 심연에서 용트림하는 현존재의 마음이다. 생애 전체를 요동치게 할 묵혀둔 체험이 무한하게 빨려드는 결핍을 감내하면서 작동하는 의식이 '담배꽃'이나 '망초꽃' 같은 사물에 매개되어 있다. 꽃에는 인간 존재의 내면에 근본적인 결핍이라 할 그리움이 있음을 말해준다. 꽃을 응시하는 서정적 주체는 타자가 절실하게 필요해 보인다. 혼자서 스스로에 갇혀서는 아무것도 할 수 없는 그는 꽃을 부르며 공감할 타자를 갈망한다. 연합하고 융합하여야 할 타자란 낯선 처소에서 찾아야 할 이방인이 아니라 세상을 공유해온 친밀한 그 누구이다.

 시인 자신이기조차 한 친밀한 이들은 꽃으로 "피어나"(「등심초」에서)고 또한 "꽃으로 부서진다."(「쉰 살의 봄」에서)

사랑으로 마주한 모든 것들은 꽃이 된다. 그리고 오직 순정한 감각만이 그것을 보듬어 소박한 깊이로 간직한다. '피어나다'라는 술어는 박주용의 시 전체를 횡단하는, 세상을 생명으로 생생하게 고유화하는 시적 표현에 해당한다. 그에게 세상의 모든 것들은 존재자의 존재인 꽃으로 피어난다. 한평생 세상살이에 '진득하게' '진'이 묻은 '탕자들'의 '습한 세상'은 오로지 '꽃'으로 피어나 인간 영혼이 된다. 꽃은 간절하고 융숭하게 불러내야 할 '시린 이름'(「꽃」에서)이다. 부모이기도, 재봉사 인순씨이기도, 잠의 사내이기도, 봉기하는 동학 농민이기도, 순이 삼촌이기도, 시골 버스의 노인이기도 한 '그대'가 꽃의 형상 속에서는 고유명사로 생명을 얻어 우리에게 다가온다.

바람과 햇살의 문장 새겨진 염전 걸러보면 / 소금꽃 몇 송이 피어났다
ㅡ「소금 사내」부분

노란 별꽃 내려앉은 자리 / 세상의 배꼽은 모두 꽃이 진 흔적
ㅡ「호박 단상」부분

통꽃으로 떨어져도 열흘은 족히 가는 꽃 (중략) 순이 댕기에서 다시 피어나는 꽃
ㅡ「동백꽃」부분

꽃의 체험은 이렇게 자연스러운 일이다. 꽃의 삶이 되어버린 시쓰기는 꽃과의 만남을 표현하고 이해하고자 한다. 이해한다는 것은 타자에게 나를 밀어넣어 자신을 지울 때 온전하게 그에 도달할 수 있다. 꽃은 그렇게 타자를 윤리적으로 받아들이는 굉장히 숭고한 인간 행위의 방편으로 마주해 있다. 옆집의 사내나 순이의 삼촌뿐만 아니라 호박으로 대체된 '어머니'까지 이 세상에 존재하는 모든 것들은 '꽃'으로 피어난다. '목욕탕의 탕자'는 그렇고 그런 사람들을 뭉뚱그려 대체한다. 목욕탕은 탕자들의 '한세상'이고 '한평생'을 축적해 놓은 전시의 장소이다. 고단한 삶의 흔적들은 '진'이라는 왜상을 통해 인간적이라 거룩하게 추켜세울 진실을 드러낸다. 꽃으로 피어나는 탕자라는 역설은 발랄하고 재치있게 세상의 진실을 탐구하는 방법으로 사용된다. 이 꽃들을 사랑해야 우리의 세상은 온전히 인간적으로 살아가야 할 밝은 공동체가 된다. 박주용의 시세계에서 꽃은 어둠을 향하면서 그렇게 시에 불가피한 역설의 언어를 취하여 피어난다.

2. 색의 이미지

세상을 색色으로 코드화하기 위해서는 두 가지가 필요해진다. 하나는 본다는 것이고 다른 하나는 그것을 이미지로 이해하는 것이다. 본다는 것이 가시적 사물에 가닿는 행위라면 그것의 이미지는 가시성 그 자체에 변화를 주는 외양의 변종이다. 본래 이미지와 시쓰기는 강렬한 즐거움을 가지고 결합되면서도 매우 어려운 관계이어서 표현의 동시성을 확보하기 어렵다. 시인 박주용은 그 타개의 방법으로 빛깔이란 인상들을 가져온다. 오랫동안 익숙하게 보아온 장면들은 순간적으로 일으킨 이 감각의 충동에 의해서 강렬한 탈주의 인상을 생성한다. 파랑이나 붉음 같이 거의 원색에 의해 단순하게 포착되는 그것은 시각적 기억을 촉발하면서 그 상황을 종합하고 확정한다. 이미 첫시집의「서문」에서 밝힌, "내 시는 들과 조응했던 빛깔," 곧 "빛깔에 어울리는 이름"은 내내 그의 시에 드러난 이미지의 지도가 된다.

 빛깔을 보기 위해서는 시선을 열고 밖으로 나서야 한다. 뭔가를 마주하지 않고서는 빛이 만드는 색의 이미지를 만날 수가 없다. 감각이 만나는 것은 객체로서의 세상이 아니다. 사물은 빛깔이기 위해 사물 그 자체의 온전한 형태를 남겨둘 수가 없다. 빛깔은 세상의 형태를 바꾸어 진실을 열어가야 할 사건으로 치환된다.

   롯데월드타워 보이는 잠실역
   첫잠 든 사내가
   겨울 달려 연두의 플랫폼에 들어서고 있다

〉
　사내는 하루 뒤의 봄이 얼마나 짙어지고 옅어질지
　자신과는 상관없다는 듯이
　코끼리보다 더 무거운 잠을 바닥에 내려놓고 있다

　잠은 숙성의 시간
　사내가 두 잠 석 잠으로 무게와 부피 늘려갈수록
　세상은 연두에서 초록으로, 초록에서 빨강으로
　오디의 계절 키워가지만
　사내가 고치 닮은 저 타워만큼 팽창하기까지는
　아직 잠이 더 필요한 듯

　객차가 칸칸이 투명한 사내의 잠을 싣고
　실크로드로 향하고 있는 자정 무렵
　전광판 구직 광고도 하루의 문을 닫는다

　덜컹거리는 소리에 놀란
　나방이 철교 위를 날아오르고 있다
　　　　　　　　　　　　　　　―「투명한 잠」전문

　〈롯데월드타워 ― 사내 ― 오디 ― 고치 ― 객차〉 작품의 공간에 배치된 주요 시적 대상들은 닮음의 미메시스로 연결되고 결합된다. 탕자임직한 사내는 그 속에 들어 '투명한 잠'을 견디고 있다. 감각적 유사성을 생산하는 이 상응물들은 다양한 특성을 표출하면서도 의미 연관을 찾아내기가 쉽지 않다. 그것들이 '세상'임에는 분명해 보인다. 거대한 '타워'든

협소한 '고치'든, 그것에 유비되는 지하철 '객차'든, 그것들은 "숙성의 시간"이어야 하는 잠의 공간이다. 여기서 잠의 세상을 수식하는 것은 색의 이미지이다. "세상은 연두에서 초록으로, 초록에서 빨강으로" 마치도 '오디'처럼 '숙성'한다. 그리고 숙성의 시간을 거치면서 사내는 마치도 '나방'처럼 '고치'를 벗고 날아오른다. 현실은 항상 부족한 상태임을 알리며 그 너머를 향해 탈주하는 '나방'을 사내의 꿈과 등치시키면서 「투명한 잠」은 종결된다. 이 파격적인 닮음의 병치는 사내에 대한 열정적 몰입이 낳은 상상력의 소산으로 시작품을 더욱 시적인 것으로 이끄는 동인으로 작용한다.

  타워-오디-고치-객차와 같은 감각적 지각의 재료들은 연두에서 초록을 거쳐 빨강에 이르는 색의 이미지에 의해 사내가 살아가는 세상이 된다. 이러한 상상력의 자유로운 유희를 박주용 그 자신은 '발랄한 상상력'(「시집읽기」에서)이라 부른다. '오디'라는 사물이 부여한 물질적 상상력에 기대어 우리는 그것을 세상을 이해할 정신적 사건으로 이해한다. 그렇게 정신 현상을 건축함이 곧 시적인 것의 산출이다. 박주용에게 색 혹은 빛깔은 물질적 이미지를 시의 영혼이라 할 정신적 이미지로 변용하는 하나의 문학적 장치이다. 이 장치는 단순히 물질을 비물성의 정신으로 바꾸는 기능에 머무는 것이 아니라 정신에 하나의 흐름을 주고 심지어 그것의 내용을 규정조차 한다.

세상은 모두 동색이어서 고요하다.… 하늘은 푸르고 계절은 붉다
　　　　　　　　　　　　　　　　　　　　　ー「초록은 동색이다」 부분

　신의 모습이 파란 것은 / 세상을 구원하기 위해 독을 삼켰기 (중략) 꽃이 피고 지는 시기는 꽃이 정해야 하는 법 / 생의 절반을 기다린 파랑이 깨어나
　　　　　　　　　　　　　　　　　　　　　ー「파랑 나비」 부분

　봐요, 누가 뭐라 해도 우리별은 푸른색이어야 해요
　　　　　　　　　　　　　　　　　　　　　ー「나무의 사랑법」 부분

　돌나물꽃 / 노랑별빛, 그렁그렁 띄워내고 있다
　　　　　　　　　　　　　　　　　　　　　ー「빈집」 부분

　형형색색 천 개의 꽃바람에는 세파 이겨낸 만 개의 울음 실려 있어요
　　　　　　　　　　　　　　　　　　　　　ー「바람개비 마을」 부분

　회화적 형상을 그려내는 기법이 잡다한 세상사에 대한 미메시스가 아닌 그것에 색의 이미지를 부여하는 것임이 여기서 드러난다. "하늘은 푸르고 계절은 붉다"와 같은 이 단순한 색의 표현은 꽃이 피고 진다는 꽃의 형상을 주형하는 언표처럼 간결하고 힘차다. 나비 나무 빈집 마을, 그 무엇이든 세상을 구현하는 대상들은 색의 이미지로 인하여 시적인 새로운 세계를 창조한다. 그것이 사물 자체의 낡음을 벗고

신생의 탈주선에 방출됨은 감각의 모방에 갇혀버리지 않기 때문이다. 모방의 대상에 종속되어 버리지 않고 시적 감각을 구출하는 방식이 더욱더 강력하게 색의 이미지에 호소하는 박주용만의 고유한 시작법이 되어버린다.

   기법은 미학을 낳는 결정적 요인이거니와, 그것은 또한 의미의 차원을 한층 고양시키는 핵심 동력이 된다. 색의 이미지는 간단하고 명료한 듯하지만 실상 그 이면에는 시의 애매성에서 요구하는 어떤 비밀을 간직한다. 붉음이 박애로 넘쳐날 사랑이라면, 파랑은 어떤 속박도 없는 자유라고, 그리고 노랑은 허무를 넘는 희망이라고 단정해 본다. 그러나 이미지들은 그 원본의 유사성이 주는 고정 관념을 늘 벗어나기 마련이다. 이미지에 감싸여져 있는 의미는 재현된 것의 자기 정체성으로 되돌아가기도 하지만 또한 그것을 탈주코자 하는 변경에의 강도를 지닌 까닭이다. 색의 이미지가 강렬한 원색의 상상력으로 다가오는 것은 사물 그 자체의 부재를 현시하는 이미지의 유동성 때문이다. 색의 상상을 극단화하여 의식작용을 활성화시키는 이런 기술에 의해서 그것은 이미지만이 간직하는 진실을 침묵 속에 저장한다. 그것은 강렬한 투명함으로 맞서오나 기쁜 앎을 지연시키는 어떤 깊은 의미를 숨겨둔다. 신-파랑, 빈집-노랑, 우리별-푸름, 계절-붉음으로 지시된 색상들은 세상의 온갖 것들에 비밀이 존재한다는 것을 알려준다. 그것을 판단하려 하고 지정하려 한다는 것이 타자를 구속하여 전유하려는 동일자의 논리임을 알게 된다면, 그 색의 이미지가 궁극으로 전하려는 진정성에 도달함이 될 터이다. 그러한 이상적 독서의 즐거움에 이르는 과정에 필요한 게 색의 이미지를 통한 의미의 해방이다.

3. 사랑, 의식 작용

재료에 시의 형식을 주는 또다른 방법으로 사랑이란 의식 작용이 있다. 그것은 진정 박주용이 자신의 시적 형식을 주형하는 세 번째 장치이다. 세상은 세속적인 진부함으로 덧칠해지려니, 그것을 시적인 것들로 바라보는 형상 혹은 이미지는 근본적으로 불일치를 가져올 수밖에 없다. 이 불일치는 아무 곳에서나 아무 때나 일어나는 삶의 필연이 아니라 시인의 예민한 감각과 지성에 의해서 생성된 돌발표시이다. 그것은 우연한 시간에 솟아나오나 그 순간을 거치면서 절대성을 지닌 고정점이 된다. 우연한 시적 형식 속에서 발생하였으나 시적인 것이 되는 순간 그것은 영원한 것으로 정박한다. 세상과 그것이 조직하는 정신 사이의 이 불일치로 인하여 시는, 그리고 모든 예술은 진실을 탐구하는 미적인 형식이 된다. 여기 놓여있어 손에 잡힐 듯하나 끝내 도달하기 어려운 시 텍스트가 끝내 단일 체계로의 해석에 저항함이 이 불일치의 간극에 기인한다.

꽃의 형상이나 색의 이미지는 세상과 의미 사이의 거리를 만들어 진실을 구조화하는 박주용 시인의 고유한 시작술이다. 이 불일치의 거리를 만드는 기제가 바로 사랑이다. 그렇게 그의 시세계에는 보이는 것에 보이지 않는 영혼의 시선을 덧댄다. 진부한 세상을 사랑의 체험으로 융합하는 과정에서 그곳은 사랑의 담론이 되고 또한 시의 긴요한 요소라 할 서정적 마력이 솟아난다. 내면의 의식을 구성하면서 시적 정동을 가동하는 사랑의 주술이 동시에 일어나는 셈이다. 그렇게 세상은 사랑하는 대상이 되어 도처에서 아무것도 아닌 것에 의미를 부여하고 그 의미에 전율하는 서정을 낳는다.

  목숨 있는 것들의 숙명이다
             ㅡ「사랑, 참 고놈」부분

  울컥의 처음과 나중 // 가장 낮아, 가장 높은 // 거룩한 이름
             ㅡ「어머니라는 이름」부분

  마른 지층의 페이지에는 / 아직도 사랑이 촉촉한 화석으로 남아 있나요 (중략) 압착된 사랑이 파랗게 쌓여요
             ㅡ「채석강」부분

그것이 표상되거나 은닉되거나 여기에 흐르는 시의 마음은 사랑이다. 사랑은 "목숨 있는 것들의 숙명"으로 마음의 처음에서 발아되어 그 마지막까지 '울컥' 치밀어오는 근절할 수 없는 의식이 내용물이다. 사랑에서 시작하지 않는다면 시적인 것의 감각과 의미는 결코 얻을 수 없으리라. 세상으로부터 나를 고정시키고 마비시켜 시적인 것들의 내면으로 '울컥' 들어가게 만드는 정신의 심연에 사랑이 있다. 그리하여 나는 부모에게 되돌아가기도 하고 아내를 응시하기도 하며, 세상의 온갖 탕자들에 마음을 들여놓기도 한다. 그들과 완전한 결합을 꿈꿀수록 세상은 더욱 시적인 것들이 되고, 시의 형상과 이미지는 부재를 채우는 몽상이 된다. 너무도 늦게 오는 앓이 되어버린 이 비극적 사랑은 한 인간의 축적된 역사에서 온다. 「채석강」에 잘 표현되어 있듯, 그렇게 사랑은 "압착된 시간이 쌓여"있는 '화석'이며 "꽃향기로 켜켜이 쌓여"있는 '책장'이다.

박주용에게서 사랑은 한순간 맞이하는 찰나의 감정적 충동이 아니라 오랜 인연을 바라보면서 지성을 통해 체득된 정신 현상이다. 사랑하는 대상에 대한 무지를 진정 깨닫는 그 정신의 혁명은 사랑을 매개로 하는 의식작용을 거쳐 발생한다. 몰각을 진실로 바꾸는 이 운동을 통하여 박주용의 사랑은 언제나 아가페로 향하는 진실한 담론으로 거듭난다. 그의 의식은 사랑을 담보로 단순히 흘러가는 게 아니라

어느 한고비 그 심연에서 인간적 숙명에 멈춰 숙연하게 작용한다. 그것은 비루한 세상을 참세상으로 가꾸고자 하는 열정에서 나온다. 실존하지 않으나 부재하지도 않는 참된 삶을 만드는 유일한 방편은 이토록 세상을 시적인 것, 즉 꽃의 형상이자 색의 이미지로 바꾸어 응시하는 것이다. 그리고 그 행간에서 시적 주체의 상실을 말하는 상처들에 침묵으로 다가서는 일이다.

    누군가를 그리다 혼절하지 않는다면
    통째로 사랑일 수 없는 건가요

    오름 맴돌던 억새 바람이
    너분숭이에 징한 사연 전하는 거 아니라면
    햇살 붉게 매달 수 없는 건가요

    덜 그리워야 꽃도 피고
    덜 서러워야 꽃도 지는 법

    누군가를 사랑하다 애틋하지 않다면
    통째로 작별일 수 없는 건가요

    이어도 지나온 파랑이
    주상절리에 온몸으로 부서지는 거 아니라면
    달빛 노랗게 떨굴 수 없는 건가요

〉
사월에도 피고 지는 저 꽃들
덧난 상처 쉬 아물지 못하는 것은
동박새의 속울음이 깊기 때문인가요

사람이 동백보다 시린 이유인가요
─「사월, 제주 동백꽃」 전문

  이 작품은 꽃, 빛깔, 그리고 사랑이란 체험의 언어가 배치되고 연결되고 융합되어 '사월'의 '제주 동백꽃'을 재현한다. 사월과 제주는 연루되어 역사의 상징을 불러오지만 '동백꽃'이란 형상에 내포되어 있는 내면적 삶의 집적소가 아니고는 그것을 현실화할 힘을 얻기 어렵다. 동백꽃은 색의 이미지와 여기에 작용하는 사람의 시선에 의해 '덧난 상처'를 생생하게 드러낸다. '혼절'하는 '속울음'이 붉음에서 파랑으로, 이어서 노랑으로 떨구어져 버리며, '누군가'와 '작별'할 수 없는 '서러움'이고 '애뜻'한 '그리움'을 만든다. 그렇게 타자를 향하는 사랑으로 주체를 불러세우는데 주술과도 같은 힘으로 마주쳐오는 대상이 동백꽃이다.

  꽃의 형상은 색으로 항변하는 이미지들을 포획하면서 역사의 침묵을 진실의 울림으로 현실화한다. 색의 이미지는 은밀한 쾌락조차 품어내면서 그러한 의미의 주체화에 참여하도록 우리를 유혹한다. 박주용 시세계에서 사랑은 그렇게 인류적 힘으로 공동체를 불러들이는 공감의 힘을 지닌다. 그것은 한 인간의 숙명적 관계나 역사 서사를 불러내는데 그치지 않는다. 그는 아주 사소한 사물을 마주하여서도 사랑을 증명하는 충실성을 방기하지 않는다. 「나무의 사랑법」이나 「호박 단상」에 잘 드러나듯, 세상의 모든 것들은 오직 사랑에 의해 존재하고, 또한 사랑하기 위해 존재한다.

〈아직 제 눈 뜨지 못한 나무와 풀과 꽃과 / 귓가에 닿지 못한 세상의 말들 데리고〉(「시인의 방」에서) 수행하는 시쓰기는 꽃의 형상, 색의 이미지, 그리고 사랑-의식작용으로 이루어진다. 시작술詩作術에 사용되는 이러한 장치들은 "온몸으로 감내하는 산통"에서 나온 기술적 방법들이다. 그런 점에서 그것들은 시를 생산하는 기계라 부를 법하다. 형상, 이미지, 의식작용은 분리되어 있는 각각의 블록도 아니고 서로 대체 가능한 계열관계를 이루는 것도 물론 아니다. 이들은 기계-생산에 필요한 하나의 과정에 연속되어 있고 나아가서 융합되어 있다. 시 바깥의 세상에서 시 안쪽의 세계로 그 무엇이 들어오기 위해서는 필연적으로 이 요소들이 동시에 작동되어야 한다. 박주용은 그 원리를 자신의 시쓰기 전체를 통해서 거의 일관되게 보여주고 있다.

박주용에게 시쓰기의 무대이자 대상은 그를 둘러싸고 있고 숨쉬며 살아가는 온 세상이다. 세상은 나무 – 풀 – 꽃으로,

하늘 — 바다 — 땅으로만 조화롭게 이루어진 대지이자 우주가 아니다. 세상은 이곳을 훼손하고 오염시키는 인자들로 들끓고, 켜켜이 상처받은 '진'(「담배꽃」에서)으로 인하여 망가진 영혼들의 거처이기도 하다. 이 '습한 세상'에 "온몸 맡기고 있"는 '벌거숭이' '탕자들'(「목욕탕의 탕자들」에서)은 박주용 시 세계에서 꽃의 형상으로 주형되고 색의 이미지로 변형된다. 날것의 세상에서 의미인 세계로 옮겨가는데 있어 그만의 고유한 시형식이 만들어지고 반복하여 사용된다. 시작품으로서의 의미와 아름다움을 내포하는 그의 시형식은 세 장치들을 하나의 기법으로 받아들여 창안된 시작술의 결과물이다. '탕자들'은 '부활'을 하여야 한다고 외쳐보는데 그에게 그 불가능성을 가능성으로 바꾸는 유일한 길은 그들을 자신의 시형식으로 재현하는 것이다. 그것을 작품 「치어」에서 그는 '치어'에서 "시어로 성장"함이라고 규정한다. '세상의 말들'(「시인의 방」에서)은 시어 곧 시적인 것의 언어로 문학성을 얻으면서 관습적 개념을 벗게 된다. 이 의미작용은 언어의 폐쇄성을 풀어버리면서 세상을 충만하게 빛나게 한다. 그렇게 섬광으로 열리는 그의 시세계에서 진정 마주하는 정신은 사랑이다.

빨강 파랑 노랑 같은 원색에 자신의 의식을 몽땅 허비하는 순수함, 꽃에 시적 대상들을 의탁하고 자신의 내면을 전부 내어주는 그 동일화의 윤리에 그 사랑이 있다. 탕자들의 세상은 형상, 이미지, 그리고 의식작용에 의해 사랑으로 다시 태어난다. 이 세 가지 장치들은 시적 질료인 이 세상을 포획하는 방법으로, 박주용은 그것들의 고유한 사용을 개발하고 일관되게 유지함으로써 자신만의 고유한 시형식을 창조한다. 세속화된 세상을 불러세워 하나의 시세계를 건립하면서 박주용은 진부함의 역사에 가치를 부여하고 참된 삶의 지평을 열어젖힌다. 그에게 시쓰기는 바로 이 세상을 생명으로 바꾸는 의식작용의 과정이려니와, 그는 삶을 충만하게 만드는 사랑의 현실화 작업을 통하여 시인이란 주체가 된다.

이든기획詩選 021

목욕탕의 탕자들

ⓒ 박주용, 2025

발행일	2025년 5월 19일
지은이	박주용
발행인	이영옥
편집인	송은주
펴 낸 곳	도서출판 이든북
출판등록	제2001-000003호
주 소	대전광역시 동구 중앙로 193번길 73
전화번호	(042)222-2536 | 팩스(042)222-2530
전자우편	eden-book@daum.net
카 페	https://cafe.daum.net/eden-book
공 급 처	한국출판협동조합
	전화 (02)716-5616 (031)944-8234~6

ISBN 979-11-6701-341-5 (03810)
값 13,000원

* 이 책의 판권은 지은이와 이든북에 있습니다.
* 이 책 내용의 전부 또는 일부를 재사용하려면 반드시
  양측에 서면 동의를 받아야 합니다.

* 본 도서는 충청남도 충남문화관광재단 의 후원으로
  발간되었습니다.